More A
Urs

Ursula is a little girl who loves bears more than anything in the world, and thanks to a magic spell she found in the library she can change herself *into* a bear. This helps her to have a lot of fun, but sometimes changing back into a little girl is not as easy as she thinks!

Sheila Lavelle grew up in County Durham. She is a qualified teacher, and she enjoys country walks, growing vegetables and playing the piccolo. She now lives in Buckinghamshire with her husband and two teenage sons. Her first book about Ursula, called *Ursula Bear*, is also published by Beaver.

More Adventures of Ursula Bear

Sheila Lavelle

Illustrated by Thelma Lambert

Beaver Books

First published in 1980 and 1981 under the titles
Ursula Exploring and *Ursula Flying* by
Hamish Hamilton Children's Books Limited,
Garden House, 57–59 Long Acre,
London WC2E 9JZ

This paperback edition published in 1983 by
The Hamlyn Publishing Group Limited
London · New York · Sydney · Toronto
Astronaut House, Feltham, Middlesex, England

ISBN 0 600 20540 1

Reproduced, printed and bound in Great Britain by
Hazell Watson & Viney Limited, Aylesbury, Bucks

Set in Bembo

Contents

Ursula Exploring

1

One of the nicest things about eating your dinner in an aeroplane, Ursula thought, was the special plastic tray it was served on, with all its separate little spaces. One for your meat course, one for your pudding, one for your cheese and biscuits, and even one for your coffee cup.

It was steak and kidney pie and apple crumble, one of Ursula's favourite meals, but she was too excited to feel very hungry. She was so excited she could hardly sit still, for here she was, at last, on her way to Canada, the land of the bears.

Ursula was very fond of bears. In fact, Ursula liked bears so much that she hardly ever thought about anything else.

And if she wasn't thinking about bears she would be talking about bears, or drawing pictures of bears, or reading books about bears, or singing songs about bears, or sticking photos of bears in her bear scrapbook.

Ursula looked out of the window at the shining silver sea far below, and the clouds piled up like cream on a trifle.

'Are you all right, Ursula?' said Aunt Prudence from the next seat.

'Oh yes,' said Ursula. 'It's lovely. But are you sure they've got bears in Canada?'

Aunt Prudence smiled.

'Of course they've got bears,' she said. 'They've got great big National Parks, with forests and lakes and things. The bears roam around wild, living in caves and catching fish from the streams. I've seen them on the telly.'

Aunt Prudence knew that Ursula

loved bears better than anything else in the world. But what she didn't know was that Ursula had a secret. A very special magic secret.

Ursula knew how to turn herself into a real live bear whenever she liked. A small cuddly brown bear, with a velvet coat and shiny black eyes. And all because of a simple magic spell.

Ursula had found the spell in a book in the library. You could even try it yourself some time. All you need is a currant bun, filled with a mixture of honey and porridge oats – all the things that bears like best. And while you eat it you must say the magic words: 'I'M A BEAR, I'M A BEAR, I'M A BEAR, I'M A BEAR, I'M A BEAR, I'M A BEAR.'

And it really works. Well, it did for Ursula anyway.

Ursula could hardly wait for the plane to land, but at long last it touched down on the runway at Edmonton Airport. Uncle Angus and Aunt Grace were waiting to meet them, and there was a lot of hugging and kissing and laughing and crying.

Ursula watched carefully as Uncle Angus put her new brown suitcase into the boot of his car. She had to keep an eye on it because tucked away at the bottom was a small parcel wrapped in greaseproof paper. A currant bun, filled with porridge oats and honey. You never knew when it might be useful.

2

Ursula took her little parcel with her to all the places they visited in Canada. And it was safely hidden in the back pocket of her jeans when Uncle Angus drove them all to Rocky Rapids National Park the very next Sunday. He stopped the car under some trees and Ursula quickly scrambled out to look for bears.

Uncle Angus pushed his hat back from his red face.

'Well, what do you think of Rocky Rapids, Ursula?' he said.

Ursula looked, and her heart almost sank into her plimsolls. Rocky Rapids was worse than Brighton Beach. There were tents and trailers and cars and coaches and caravans and hot-dog stalls and ice-cream vans and transistor radios. There were hundreds of people everywhere, and there wasn't a single bear in sight.

The three grown-ups made themselves comfortable on some deckchairs in the shade and got ready for a pleasant nap. Ursula kicked grumpily at a pebble with her toe and scowled.

'You said there'd be bears,' she said to Aunt Prudence crossly.

'Oh, there's bears all right,' said Uncle Angus. 'That forest's full of them. They never come near the picnic places, though. The park rangers make sure of that. Bears can be real nasty sometimes.' And he lay back in his chair and put his hanky over his face.

'Why don't you go off and explore, Ursula dear,' said Aunt Prudence. 'You might find some nice little friends to play with.'

Ursula scowled harder than ever. She didn't want any nice little friends to play with. What she wanted was to see some bears.

'I knew we should have gone to

Russia,' she muttered. She patted the pocket of her jeans to make sure her small parcel was still there, then she set off across the field towards the forest. If there were bears in there she would find them for herself.

CAR PARKING
HOT DOGS
45c

3

Ursula walked on, past the noisy shooting range and the hot-dog stand, until she came to a small wooden house. It was the park ranger's log cabin, and a notice on the door suddenly caught Ursula's eye.

Safari Trips 5 Dollars

Follow the Nature Trail into the forest in our Safari Jeep. See the famous waterfall at Rocky Rapids and the wild black bears of Grizzly Valley.

Next trip two o'clock.

Parked beside the cabin was a battered old army jeep, with the words SAFARI BUS painted on its side.

Ursula held her breath and stared.

Five dollars was a lot of money, and she didn't have anything like that amount. She looked over her shoulder at where she had left the grown-ups, but they all seemed to be fast asleep. They wouldn't be at all pleased if she woke them up, Ursula thought.

She gazed at the notice once more. 'Wild black bears of Grizzly Valley!' she breathed. 'I've just got to see them.'

All at once she made up her mind. After a quick peep round to make sure that nobody was watching, Ursula opened the door of the jeep and climbed in.

She quickly discovered that there was nowhere for her to hide. 'Bother!' she said. 'I'm much too big to squeeze under the seats. Now what do I do?'

And then Ursula had an idea, for there was just enough room under the seat to hide a very small brown *bear*. There was only one thing to do, and Ursula did it.

Without wasting any more time Ursula pulled the paper bag from her

pocket and unwrapped the squashed and sticky currant bun. She gobbled it down so fast she almost choked, and it was a bit difficult saying the magic words with her mouth so full. At last she managed to swallow the last bite, so she closed her eyes, crossed her fingers and waited.

A few minutes later, Ursula heard voices outside the jeep. The doors opened and a family of Americans got in, a mother and father and two small boys. The boys were squabbling noisily about who should have the best seat, but finally they all settled down. Then the park ranger climbed into the driving seat, without noticing a small brown furry bundle curled up beneath it. The spell had worked just in time, and Ursula had once more turned into Ursula Bear.

4

Ursula kept herself as small as possible and hardly dared to breathe as the jeep began to bump its way over the rough grass towards the forest.

It was a very bumpy ride. Ursula's teeth were almost rattled out of her head as the jeep jolted along the stony trail. She could hear the children exclaiming over the wonderful view, and soon she began to feel very fed up indeed.

'This isn't much fun,' she growled to herself crossly. 'All I've got a wonderful view of is the driver's boots.'

Suddenly the jeep lurched to a stop and the ranger got out.

'We'll take a little walk here,' he said. 'You can see Rocky Falls from just around this bend.' Everybody climbed out and Ursula could hear their voices fading into the distance.

When the jeep was empty, Ursula crawled stiffly out from under the seat. She stretched her cramped legs and wiped the dust from her nose with her paws. Then she scrambled up on to the driver's seat to peep out of the open window.

Ursula almost jumped out of her furry skin. A small boy with curly hair and a

freckled face was peering in at her from outside, and he looked just as astonished to see Ursula as she was to see him.

'Hey, Pa!' shouted the boy. 'Come quick! There's a bear in the jeep!'

Ursula heard the sound of running feet. The park ranger came dashing out from the trees, pulling his gun from its holster.

The boy pointed at Ursula. 'Look!' he shouted excitedly. 'It's a bear. I came back to get my Fruity Bar and there it was.'

The ranger grabbed the boy and pushed him away from the jeep. 'Stay out of the way, kid,' he said. 'I'll take care of this.'

Ursula was too frightened to move. She was still standing on the seat with her two front paws on the steering wheel. The ranger stared in at her and Ursula stared back. Suddenly the ranger laughed.

'It's only a cub,' he called. 'Come on, it won't hurt you.'

The rest of the family came nervously back to the jeep, the mother clinging tightly to her husband's arm. They all gazed at Ursula with wide eyes.

'It's cute,' said the boy. 'Can we take it home, Pa?'

The ranger opened the door and lifted Ursula to the ground. 'His own Ma and Pa will probably be looking for him,' he said. 'I think we'd best be on our way before they turn up.'

He gave Ursula a little push towards the forest. 'Off you go, little one,' he said. They all climbed back into the jeep and drove away, with the boys hanging out of the windows for a last glimpse of the little bear.

Ursula watched them disappear down the trail. She suddenly felt very small and lonely. She sat down under a tree and listened to the birds singing and the sound of running water somewhere near by.

'Well, I might as well have a look at Rocky Falls while I'm here,' she said to herself.

5

Ursula followed the winding track through the trees. The sound of water grew louder and louder until at last she came to a rocky ledge. She leaned over the edge and looked down.

Below her she could see a waterfall, tumbling and splashing over the rocks and making clouds of white spray. At the bottom of the waterfall was a swirling pool, surrounded by large flat rocks. The sun shone down through the leaves and made a tiny rainbow in the spray, and Ursula thought it was the loveliest place she had ever seen.

But it wasn't the waterfall or the pool or even the rainbow that made Ursula's black eyes gleam and her knees wobble with excitement. For playing by the water and among the rocks was a whole family of real live bears.

Ursula stared and stared. There were five of them altogether. The biggest of them was standing in the pool swiping at something in the water with a huge black paw. Three small cubs were romping at the edge, while another large bear basked in the sun and kept an eye on them from a nearby rock. Ursula watched as the biggest bear knocked a glittering silver fish out of the water on to the bank. The three cubs pounced on

it with squeals of delight and began to growl over their dinner.

Ursula tried very hard not to make any sound, but she was so thrilled that she couldn't help making an excited sort of squeak. And at once the whole family of bears turned round and stared up at her.

The bears gazed up at Ursula for what seemed like a very long time. At last the biggest bear began to wave his paws at her in a friendly manner, and one of the cubs picked up a piece of the fish and held it up towards her.

Ursula gulped. 'Oh!' she said. 'I think they like me. I think they're inviting me to dinner.' And she began to pick her way carefully down the rocky slope towards the waiting bears.

Ursula was half expecting to be gobbled up at once, but she needn't have worried. The bears were as friendly as could be. And so Ursula spent the whole of the afternoon in the leafy hollow by the pool. She romped and tumbled and wrestled with the three cuddly young cubs. She swam and paddled in the water and dried her fur on the rocks in the sun. She climbed trees looking for wild bees' honey and ate nuts and wild berries. She even tried a bit of the father bear's raw fish and was surprised at how good it tasted. It was the happiest afternoon of

her life, and Ursula wished it could go on for ever.

But all too soon the sun began to sink in the sky and Ursula knew it was time for her to leave her new friends. The bears seemed sorry to see her go, and

they stood together in a little group to watch her as she climbed back up the cliff towards the trail. She paused at the top to wave goodbye, and after a last look at the cubs she sadly turned away and set off on the long walk back to her family.

6

It was a very dusty and weary little bear that limped out of the forest some time later. At last she was back in the meadow, but now Ursula had to turn herself into a girl again before she could return to her uncle and aunts. Beefburgers and chips were the only things that would work the second part of the spell, but how was she to get them in a place like this?

Ursula looked across the field at the hot-dog stall. 'Hamburgers!' she growled softly. 'I bet they'd do the trick.'

But Ursula had quite forgotten what might happen when a small brown bear suddenly appears in a field full of people, and before she could reach the hot-dog stall she found she was causing a panic.

People started running about shouting, 'Look out! It's a bear!' and 'Get the ranger before it bites somebody!'

The park ranger arrived almost at once, and he was very surprised to see Ursula. He looked at her closely and scratched his head.

'Not you again, is it?' he said. 'This is no place for little bears. I'd better get the jeep and take you back to the forest.' And he picked Ursula up and began to carry her towards his cabin.

Ursula struggled and whimpered in the ranger's arms. She patted her stomach and made growling noises, and pointed at her mouth with her paw. The ranger laughed.

'You must be hungry after that long walk,' he said. 'All right, come on. I'll buy you a bun.'

But Ursula shook her head firmly when the ranger offered her a large sticky bun, and pointed her paw hopefully at the hamburgers sizzling away in a frying pan.

'You're a funny sort of bear,' said the ranger. 'Bears are supposed to like buns.' But Ursula kept on pointing until at last the ranger gave in.

'One large hamburger for the bear,' he said to the astonished attendant, and Ursula was very pleased to see that it was served with chips, and lots of tomato ketchup. Now she had everything she needed for the magic spell.

'You can eat your dinner in peace while I get the jeep,' the ranger told Ursula kindly. He unlocked the cabin door and left her sitting on the table with the carton of food.

'RAEB A M'I, RAEB A M'I, RAEB A M'I, RAEB A M'I, RAEB A M'I, RAEB A M'I.'

Ursula growled the magic words backwards through a mouthful of hot chips. 'I hope hamburgers work the same as beefburgers.'

As soon as she had eaten the last scrap, Ursula curled herself into a ball and shut her eyes tight.

The park ranger never saw that small brown bear again. When he came back a little while later he found the window swinging open and the cabin empty. Ursula had changed back into herself again, climbed out of the window, and slipped quickly away.

Ursula was panting for breath and quite worn out when she reached the deckchairs under the trees where she had

HOT DOGS

left the grown-ups. She flopped down on the grass by their feet.

'Oh, there you are,' said Aunt Prudence. 'We were getting quite anxious about you. Where on earth have you been all day?'

'I did just what you told me,' said Ursula. 'I went exploring. And I found some nice little friends to play with.'

'Well, I'm afraid there's not much picnic left,' said Aunt Prudence. 'And the poor child must be starving.'

'Never mind,' said Uncle Angus. 'I know just what she'd like.' He got up from his chair and pulled Ursula to her feet.

'Come on, Ursula,' he said. 'I'll buy you a great big juicy hamburger for your tea.'

Ursula Flying

1

Ursula loved bears better than anything else in the world, and her favourite bear of all was called Mr Brown. Mr Brown lived in the zoo near Ursula's home, and Ursula went to see him every Friday afternoon on her way from school. She always saved the last of her weekly pocket money to buy Mr Brown his special Friday treat – the largest, stickiest currant bun she could find.

'One bun doesn't seem much for a great big bear like that Mr Brown,' said the baker's wife, as Ursula counted out her pennies. 'Here, give him a couple extra today, with my best wishes.'

'Thank you, Mrs Brannigan,' said Ursula, smiling. 'Mr Brown will think it's his birthday.'

BRANNIGANS
for
FRESH B
ROLLS A
BUNS

Ursula picked up the bag of buns, hurried from the shop, and ran all the way across the common to the tall white gates of the zoo. Waving her season ticket at the lady in the pay-box, she slipped through the barrier and hastened past the penguin pond, the monkey house, and the zebra paddock.

The zoo was usually quiet at this time of day and Ursula often had her favourite bear all to herself. So she was very surprised when she reached Mr Brown's cage and found a crowd of people round it. They were all talking at once and waving their arms about, and there was even a man with a camera taking pictures through the bars. Mr Monty, the bears' keeper, was there, and he looked all hot and flustered. His face was red, his tie was coming undone, and his smart peaked cap was on crooked.

'I really don't know anything more,' he was saying crossly. 'Now please go away. I've got work to do.'

After more talking and arguing the

crowd began to wander away and at last Ursula was able to get close to the cage. She gazed through the bars, looking anxiously about for the big brown bear, and what she saw made her blink in astonishment.

The cage was empty. Mr Brown wasn't there. Only his water dish and his red plastic food bowl and his pile of old rubber tyres showed that Mr Brown had ever lived there at all. Ursula stared and stared, hardly able to believe her eyes.

BAKE

2

Mr Monty picked up a broom and began to sweep the floor of the cage.

'Newspaper reporters!' he grumbled to himself. 'Proper nuisance, they are. Arguing about whose fault it was. As if that would bring him back.'

He looked so cross that Ursula didn't dare speak to him, but last he noticed her standing there all alone.

'Oh, it's you, Ursula,' he said. 'I'm afraid your friend Mr Brown has run away.' Ursula's eyes grew round.

'Run away?' she said. 'But how? Who let him out?'

Mr Monty and Ursula sat down together on a bench. The keeper explained that Mr Brown had been taken out on to the common so that a television company could make a film of him.

'He was as good as gold at first,' said Mr Monty. 'He happily munched up all the chocolates they gave him. And they had just about finished filming when

these two great noisy dogs appeared and started snapping and barking at him.'

'Mr Brown wouldn't like that!' said Ursula.

'He didn't,' said Mr Monty gloomily. 'He took off like a train. And before anybody could stop him he was galloping over that common and straight into the river. He swam right across to the woods on the other side. And that's where they're looking for him now.'

Ursula walked sadly home, hugging Mr Brown's bag of buns in her arms. She found her Aunt Prudence in the kitchen, toasting crumpets and watching Newsround on television. The face of a large brown bear filled the screen.

'Look, Ursula! It's your friend Mr Brown,' said Aunt Prudence. 'What's he been up to, I wonder?'

Ursula ran to turn up the sound.

'No sign of the bear has yet been found,' the news reader was saying, 'in spite of continuing efforts by police and zoo officials.'

The picture now showed uniformed men carrying ropes and guns and leading fierce-looking Alsatian dogs. They were searching the woods near the river, and Ursula gave a groan.

'Poor old Mr Brown,' she said miserably. 'He'll be scared to death. They'll only make him run even further away.'

Ursula told Aunt Prudence all about it over tea, and her aunt did her best to

cheer her up. But Ursula was so upset she couldn't eat her crumpets. And when bedtime came, and she heard on the news that Mr Brown still hadn't been found, Ursula was so worried she couldn't sleep. She lay cuddling Fredbear and staring at the wallpaper for a long, long time.

'The only way to find Mr Brown and bring him home is to send somebody he can trust,' she whispered into Fredbear's ear. 'Who do you think that could be?'

Fredbear seemed to have no idea. But Ursula had already thought of the answer. And before she fell asleep she had worked out a plan.

3

Ursula crept into the kitchen next morning while even the sun was still in bed. Aunt Prudence would have had a fit had she known what Ursula was up to, for Ursula was preparing a secret magic spell.

She had found the recipe in an old dusty book in the library, and it really worked. All she needed was a currant bun, spread with a filling of honey and porridge oats. The magic words did the rest and then hey presto! Ursula would disappear. And in her place would be a real, live bear, with a furry brown coat and shiny black eyes. Just the sort of bear that Mr Brown would be sure to trust.

Ursula filled Mr Brown's currant buns with the magic mixture and put them into a small shopping basket. Then she quickly let herself out of the back door and hurried across the street to Mrs Martinez' house.

Only two people knew that Ursula could turn herself into a bear. Mrs Martinez was one of them, and Ursula needed her help for the second part of the spell. She was blinking and yawning when she came to the door in her pink woolly dressing gown.

'Good hebbens, Ursula! It's only fibe o'clock in the morning. It's bery early, no?' Mrs Martinez was Spanish and played the flute in an orchestra and always had a lot of trouble saying the letter V.

Ursula blurted out her idea.

'So if you could just make me a beef-burger and a few chips I could take them with me,' she said. 'Then I'll be able to turn back into myself again. I didn't dare start frying in Aunt Prudence's kitchen at this time in the morning.'

Mrs Martinez frowned. 'I don't like it,' she said doubtfully. 'I don't want my little friend eaten up by a bear.'

But Ursula begged and pleaded until at last Mrs Martinez gave in.

'You must be bery careful,' she said, as the beefburger sizzled away in the pan. 'You promise, yes?'

'I'll be back in no time,' said Ursula. 'You'll see.'

The sun was coming up through the trees as Ursula crossed the bridge over the river and set off into the woods. She could see no sign of Mr Brown's hunters, and she breathed a sigh of relief.

'They're all still in bed,' she told herself. 'I'll find Mr Brown before they turn up.'

Ursula plunged deeper into the cool green woods, looking for a good place to eat her breakfast. Finally she sat down under a tall elm tree, leant her back against the trunk, and took one of the buns from the basket.

'I'M A BEAR, I'M A BEAR, I'M A BEAR,' recited Ursula as she chewed. 'I'M A BEAR, I'M A BEAR, I'M A BEAR!' When the bun was finished,

Ursula lay down on the moss and closed her eyes.

And while she slept, the magic spell began to do its work.

4

Mr Brown was wishing with all his heart that he hadn't run away. He was cold and tired and lonely and hungry, and he had a nasty bee-sting on the end of his nose. He missed his tasty dinners and his kindly keeper, and he missed the small girl who brought him buns on Friday afternoons.

He stretched his stiff, cramped limbs in the branches of the elm tree where he had spent the night.

'Perhaps I could catch some fish in the river,' he rumbled, in his deep, growly voice. 'Stealing honey from the bees wasn't much fun.' And Mr Brown began to clamber slowly down the tree.

He had almost reached the bottom when a most delicious smell reached his nose. He wagged his great head from side to side, sniffing the air.

'BUNS!' growled Mr Brown, 'I can smell BUNS!'

He parted the leaves and looked down. At the foot of the tree, on a smooth patch of green moss, a small brown bear lay fast asleep. A shopping basket lay on the grass near by, and it was from the basket that the wonderful smell came.

Mr Brown scrambled down and tipped everything out of the basket. He found two of his favourite currant buns, and a funny meaty thing with bits of fried potato stuck to it. It was the best breakfast Mr Brown had ever had in his life, and he was licking the grease from his paws when Ursula woke up.

'Mr Brown!' she cried, in a growly sort of squeak. 'You've eaten my beef-burger!'

Mr Brown was feeling frisky after his breakfast and wanted to start a game. But Ursula took his big paw firmly in her small one and began to lead him towards the river.

'Time to go home, Mr Brown,' she said.

5

Ursula was so pleased to be with her favourite bear at last that she couldn't help giving little skips into the air as they went along. The sun warmed their faces and birds sang all around them as the two bears came out of the woods into a clearing near the bridge.

All at once a great noise roared over their heads. The bears flattened themselves against the ground in fright. Ursula peeped up at the sky from between her paws and her heart thumped in her chest.

'Oh, no!' she breathed. 'They've called out the army!'

Whirring away above the clearing was a big green helicopter, with a thick cable dangling down from its open hatch. Fastened to the cable with harnesses and

swaying about in the wind were two soldiers in uniform. Ursula's fur stood on end when she saw that one of them was carrying a gun. And it was aimed straight at Mr Brown.

'RUN, Mr Brown!' shouted Ursula. 'They're going to SHOOT you!'

And then a terrible thing happened. The gun went off with a loud bang. Mr Brown gave a surprised sort of grunt and sat down suddenly on the grass.

The soldier with the gun unclipped his harness and jumped to the ground. He picked himself up and ran towards the bears.

'Blimey, George, there's two of them!' he called. 'I've got the big feller. Throw down the net!'

A heavy rope net came tumbling down and the soldier quickly trussed Ursula and Mr Brown up in it together. Mr Brown's eyes were closed, and he looked as limp as an old lettuce.

'Don't worry about your pal here,' the soldier said kindly to the frightened little bear. 'I've only put him to sleep for a bit. You'll both be back in your cage before you can say Goldilocks.'

He clipped the net to the bottom of the cable and climbed back into his harness.

'O.K., Dan!' he yelled to the pilot, over the roar from the whirling blades.

'Take her up!' And the helicopter rose slowly into the air, taking the two captured bears with it.

Ursula crouched on Mr Brown's stomach and clung tightly to the net with her paws. She felt a bit sick, and more than a bit scared, for they were swinging about wildly on the end of the cable and the ground was beginning to look an awful long way away. Ursula wondered fearfully whether the net was strong enough to take the strain.

But that wasn't the worst of her troubles. How was she to turn back into herself again now that Mr Brown had eaten her beefburger? And how on earth could she escape from the zoo once they got her locked up in a cage?

Flying about in the sky on the end of a cable was nothing when you had problems like that to worry about, Ursula thought, as they skimmed over the common towards the gates of the zoo.

6

Mrs Martinez paced up and down her kitchen floor. She hadn't had a moment's peace since Ursula had waved goodbye from the gate, and now she had just heard the news on the radio. TWO bears had been captured in the woods, and Mrs Martinez knew at once that something had gone wrong with Ursula's plan.

'My small friend has got herself in troubles again, yes?' she said, shaking her head. 'I must go to help.' And Mrs Martinez put on her best blue coat and hat and hurried from the house.

She reached the zoo quite out of breath, and it took her a long time to push her way through the crowd of newspaper men and television reporters who surrounded Mr Brown's cage. Mr

Brown lay snoring flat on his back, still sleeping off the drug. And huddled in the corner against the bars, looking sad and lonely and forlorn, sat Ursula.

'I tell you I don't know where the little one came from,' Mr Monty was saying. 'It doesn't belong here, I know that.' He pushed his cap back and scratched his head. 'Beats me what it was doing in them woods.'

'Excuse me, please,' said Mrs Martinez boldly, putting a hand on Mr Monty's sleeve. 'But that is my little bear. She is a pet, yes? And bery naughty for running away this morning, no?'

Everybody stared at Mrs Martinez. Mr Monty looked at Ursula huddling in the corner of the cage.

'Well, there's one way to prove it,' he said. And he unlocked the cage and led Mrs Martinez inside.

Ursula felt very fed up indeed. She was beginning to think she would be locked up for ever, and she couldn't stop worrying about how upset Aunt Prudence would be when she found her missing. So, when she looked up and saw Mrs Martinez in her best blue coat and her cornflower hat, she felt like dancing for joy. She flung herself at her friend with little cries of delight and wrapped her paws tightly round Mrs Martinez' knees.

The keeper laughed and patted the little bear's head.

'Well, I reckon that's good enough for me,' he said. 'Off you go, then, missus. That bear looks all tired out to me. Clear the way, everybody please.'

Mrs Martinez escaped from the reporters and hurried home with Ursula in her arms. The first thing she did when they arrived was to start cooking beefburgers and chips. Ursula sat at the kitchen table and tried to stop her mouth from watering. She was ravenous after all her adventures.

When the food was ready Mrs Martinez put it on the table and sat down to watch Ursula eat. And Ursula wasted no time, not forgetting to chant the magic words backwards.

'RAEB A M'I, RAEB A M'I, RAEB A M'I,' mumbled the small hungry bear, mopping up tomato ketchup with a crust of bread. 'RAEB A M'I, RAEB A M'I, RAEB A M'I!' And a few minutes later the spell had worked. There was Ursula, herself again, and looking very pleased about it, too.

Aunt Prudence was clearing away the breakfast things and looking cross when Ursula opened the kitchen door.

'So you've turned up at last, have you?' she scolded. 'It's very naughty of you to go gadding off like that without telling me. I didn't know what to think.' She stared at Ursula and made tut-tutting noises.

'And just look at you, child! You're all out of breath. I suppose you've been flying about like a mad thing, as usual, haven't you?'

'I'm sorry, Aunt Prudence,' said Ursula. 'And I'm very, very pleased to be home.' And she put her arms round her aunt's waist and hid her smiles.

More Beaver Books

We hope you have enjoyed this Beaver Book. Here are some of the other titles:

Ursula Bear When Ursula finds a magic spell which makes her dream come true and turns her into a bear, life becomes full of all kinds of problems she'd never thought of! Two delightful and funny stories for younger readers by Sheila Lavelle; illustrated by Thelma Lambert

The Video Affair When Andrew's new bike doesn't arrive on time he decides to wait for the delivery van – little thinking he'll be kidnapped by a gang of thieves! An exciting story for younger readers by Richard Dennant, with line drawings by Janet Duchesne

The Bird of the Golden Land A delightful and funny tale about the adventures of Prince Barefoot, third son of the poverty-stricken King of Ireland, on his quest to find the legendary bird of the Golden Land. Written by Robert Nye and illustrated by Krystyna Turska

These and many other Beavers are available from your local bookshop or newsagent, or can be ordered direct from: Hamlyn Paperback Cash Sales, PO Box 11, Falmouth, Cornwall TR10 9EN. Send a cheque or postal order made payable to the Hamlyn Publishing Group, for the price of the book plus postage at the following rates:
UK: 45p for the first book, 20p for the second book, and 14p for each additional book ordered to a maximum charge of £1.63;
BFPO and Eire: 45p for the first book, 20p for the second book, plus 14p per copy for the next 7 books and thereafter 8p per book;
OVERSEAS: 75p for the first book and 21p for each extra book.

New Beavers are published every month and if you would like the *Beaver Bulletin*, a newsletter which tells you about new books and gives a complete list of titles and prices, send a large stamped addressed envelope to:

Beaver Bulletin
The Hamlyn Group
Astronaut House
Feltham
Middlesex TW14 9AR

205401

DA PRESSÃO À *depressão*

Conselhos práticos para pais, pastores, líderes, jovens e adolescentes

Frank Mendonça

DA PRESSÃO À *depressão*

Conselhos práticos para pais, pastores, líderes, jovens e adolescentes

1ª Edição

editora Publicar

Goiânia-GO
2018

ISBN 978-85-92542-14-6
1ª Edição, 2018
1.000 exemplares

PRODUÇÃO EDITORIAL

DIRETOR EDITORIAL
Reginaldo Cruz Ferreira

EDITOR CIENTÍFICO
Israel Serique dos Santos
Reginaldo Cruz Ferreira
Lívia Lopes dos Santos Cruz

REVISÃO
Lívia Cruz

COMUNICAÇÃO E MARKETING
Ranyel Augusto Menezes

BIBLIOTECÁRIO
Dannilo Ribeiro Garcês Bueno

PROJETO GRÁFICO
Katiúscia Bonfanti

Dados Internacionais de Catalogação na Publicação (CIP)

M539p Mendonça, Frank.
Da pressão a depressão: manual prático para pais, pastores, líderes, jovens e adolescentes / Frank Mendonça - Goiânia: Editora Publicar, 2018.

64 p.; 21 cm.

ISBN 978-85-92542-14-6

1. Psicologia da religião. 2. Psicologia e religião. 3. Psicologia - Depressão. 4. Depressão mental. 5. Depressão - Aconselhamento pastoral. I. Título. II. Subtítulo.

CDU: 2:616.89-008.454

Catalogação: Dannilo Ribeiro Garcês Bueno, Bibliotecário, CRB-1: 2162

Impresso no Brasil / *Printed in Brazil*

editora Publicar

(62) 30872275

SUMÁRIO

Apresentação

De certa maneira, ou de forma geral, todo ser humano recebe, impõe e sofre pressão durante toda sua vida. A pressão está presente em cada estágio da vida humana, seja na infância, adolescência, juventude, fase adulta e também na melhor idade.

Logo ao nascer, a família tem a expectativa de que a criança apresente seus primeiros passos. Os pais logo querem ver a pronúncia de sua(s) primeira(s) palavra (s), inclusive, existe uma leve pressão para ver se falará primeiro a palavra "mamãe" ou "papai".

Ainda na adolescência, o garoto ou a garota continuará sob pressão, pois terá que acordar cedo, arrumar a cama, escovar os dentes, pentear os cabelos e mostrar-se bem-disposto para enfrentar um longo período de estudos. Terá ainda que conhecer pessoas, fazer e manter amizades. Também existe aquela pressão para aprender a comer alimentos como cebola, quiabo, berinjela e o "doce e saboroso jiló".

Na juventude as pressões continuam e é nessa fase que se acumularão pressões de todos os lados. Os estudos se acumularão, os pais serão incisivos em suas cobranças por resultados e ainda o jovem será pressionado sobre a escolha de uma profissão. E isto é, para o jovem uma escolha muito difícil, pois dela depende seu futuro. Às vezes, essa garotada é pressionada a escolher a mesma profissão do pai ou da mãe, cerceando o direito a sua própria escolha na área profissional. Após vencida esta fase, a pressão continua, pois haverá concorrência para entrar na universidade e quando estiverem lá, terão que encerrar com louvor o curso. Segue-se então, a busca pelo primeiro emprego e para conseguir um(a) namorado(a). E isso não está fácil!

Além destas pressões, podemos falar das pressões que estes jovens recebem "de amigos" para que comecem a usar drogas, consumirem bebidas alcoólicas ou para terem a primeira relação sexual. Os jovens de perspectiva cristã, também terão, necessariamente, que fazer a articulação entre a igreja e a universidade, pois lá a sua fé sofrerá pressões e investidas intelectuais do marxismo cultural, do neopaganismo e do ateísmo. Ali, o jovem sofrerá pressões cognitivas e ideológicas da sociedade pós cristã da atualidade.

Na fase adulta, o ser humano se vê diante dos maiores desafios e obstáculos de sua vida. Intensificará a busca por bons relacionamentos interpessoais, mas a maior dificuldade será conviver com pessoas num mundo marcado por relações superficiais já que, como disse o sociólogo Zigmund Bauman: "Estamos vivendo no mundo das relações líquidas".

Chegará, então, a fase onde se espera que o jovem comece a vida a dois (o casamento) e, para isso terá que planejar, investir, adquirir ou alugar uma casa, administrar um orçamento doméstico, cuidar dos filhos e pagar tributos. Já na chamada melhor idade, não se tem o prazer de descansar pois aparecem a síndrome do "ninho vazio", as dores, doenças, perca do vigor físico e, às vezes, a solidão, mas a pressão ainda permanece para que sejamos gentis, sábios, bons avós e, se possível ainda produtivos economicamente. Enfim, desde o nascimento até a maturidade, o homem vivencia diversos tipos de pressão, e cada vez mais ela se intensifica.

Naturalmente, essa pressão ou pressões nos lançam num contexto de enfrentamento da vida, altera nosso organismo, nossa fisiologia e estrutura emocional. A soma de tudo isso pode nos levar a desenvolver o transtorno unipolar (depressão). De certa maneira, somos projetados ao contexto dessa doença.

No livro *Da Pressão à Depressão*, o psicólogo e também pastor, Frank Mendonça, apresenta de maneira prática e acessível muitas informações e discussões relevantes sobre as causas, sintomas e cura da depressão.

A leitura desse livro certamente auxiliará pais, pastores, líderes, jovens e adolescentes a enfrentarem e a ajudarem pessoas que foram acometidas e diagnosticada por essa doença. Esse manual prático chegou em boa hora!

Reginaldo Cruz

Professor de Teologia e História da Igreja na Faculdade Assembleiana do Brasil e no Seminário Teológico Gordon Fee. Graduado em Teologia (UMESP-SP), História (ISEED-MG), Sociologia (FPSJ-SP). Pós-graduado em Ensino Religioso (UCG-GO), Teologia Sistemática (FASSEB-GO), Docência Universitária (FPSJ-SP). Mestre em Ciências da Religião (PUC-GO).

01

Para início de conversa...

O tempo não só cura, mas também
reconcilia! *Victor Hugo*

Já há muitos anos venho acompanhando jovens e adolescentes por lugares onde o Senhor me tem dado a oportunidade de passar e viver. Trabalhar com eles têm sido, no mínimo radical, eu poderia dizer, em toda a totalidade do significado da palavra. Radical pela força que os move, radical, pois me tem trazido uma vida cheia de novidades todos os dias, radical, pois, me obriga a atualizar-me, ou como eles dizem, fazer *upgrade* constantemente. Radical por que faz sentir-me especial em suas vidas, e não há nada mais significativo para um líder do que perceber que ele faz parte da vida de seus liderados. Enfim, radical porque é também divinamente empolgante o contato com estes jovens tão cheios de sonhos e de ilusões. Ao longo destes anos aprendi que esses sonhos e ilusões acompanham os jovens como se fosse sua própria pele.

Tratar sobre a depressão com nossos jovens e adolescentes, seja na igreja, em conferências, seminários ou acampamentos é, no mínimo urgente e necessário, já que a proporção de casos diagnosticados de meninos e meninas na fase da adolescência que transitam por este momento particular e complexo chamado depressão é cada vez maior.

Enquanto pastor de jovens já há algum tempo, percebo a inclinação cada vez mais crescente de jovens que relatam passarem por problemas emocionais, psicológicos e sociais. Esses problemas, em muitas vezes, são reprimidos e não relatados aos pais e nem aos familiares mais próximos, levando estes jovens a viverem em "cavernas" de tristeza, e, pior ainda, ficarem à mercê da própria sorte. Uma moça de 17 anos um dia me disse assim: "Morri e ninguém ficou sabendo". Muitas vezes quando os pais percebem o quadro emocional dos filhos com depressão, já estão em níveis bastante agravados, em especial por uma ausência de tratamento adequado.

Converso com muitos jovens todos os dias, e por onde passo há sempre um rapaz ou uma moça que tem algo a relatar sobre sua vida, seja emocional, espiritual ou até mesmo sexual, e este último, diga-se de passagem, parece ser o de maior conflito entre eles. Pude perceber que eu estava sendo colocado por eles mesmos como uma figura de confiança para a escuta de seus problemas. Pode até parecer estranho o que vou dizer, mas percebi que o que jovens me relatam em gabinete ou em consultório nada mais é que uma tentativa deles em encontrar uma figura de confiança para lançar para fora o que está destruindo-os por dentro.

Sempre ensino aos pais sobre o AMBIENTE DE SEGURANÇA que os filhos procuram para poder se abrigar.

Alguns pais dizem assim: "Meus filhos não falam do que sentem, ou no que estão pensando e isto me aterroriza". Percebi nestes anos que o que os filhos querem na verdade é justamente falar, porém não encontram um ambiente adequado para isso.

Este ambiente é construído ao longo da vida de nossos filhos e não de uma hora para outra. Os filhos precisam ter confiança em seus pais a ponto de terem a certeza de que aquilo que eles irão falar não será alvo de críticas, chacotas ou longas e autoritárias conversas. Nesta fase é normal que os pais tenham pensamentos como: "(...) mas na idade do meu filho eu não fazia isso, na minha época isso se resolvia desse jeito, eu não fui criado com essa moleza, se fosse na minha época eu queria ver (...)".

Se os pais querem que seus filhos falem de seu conteúdo mais sagrado, precisam compreender suas experiências extraordinárias da juventude. A forma dura pela qual foram ensinados ou até mesmo pela repressão que sofreram em sua época de adolescência podem se transformar em um SABOTADOR da relação entre pais e filhos.

Quando passamos nossas experiências desta forma aos filhos, a compreensão que eles têm é que são inferiores a nós e isto pode bloquear a relação, pois o jovem ou adolescente deduz o seguinte: "(...) se eu falar, só serei criticado. Tudo que eu falo não vale nada (...).

Quando isso acontece a conclusão que muitos chegam é preferir não falar, por isso, precisamos produzir um ambiente adequado para nossos filhos sentirem-se seguros e terem a certeza de que seus conflitos podem ser compartilhados com os pais sem a preocupação de serem diminuídos ou ridicularizados. Os jovens querem falar - isto eu sei.

Vamos compreender um pouco mais sobre a adolescência?

Precisamos compreender que a passagem da infância para a adolescência é bastante conflituosa, em especial para os pais, que precisam se adaptar às mudanças de comportamento aparentemente repentinas dc seus filhos.

A adolescência consiste no período do desenvolvimento humano de transição entre a infância e a vida adulta. Caracteriza-se por um processo de maturidade crescente, que envolve uma série de transformações físicas, emocionais, cognitivas e sociais. Também é um período em que o jovem perde a confiança completa que existia durante a infância nos pais, onde estes eram os principais modelos a serem seguidos e, portanto, os seus grandes heróis.

Aqui mora um grande conflito, já que os pais não aceitam estas mudanças com facilidade, pois antes eram os confidentes e nesta fase, os amigos é que farão este papel. Surge aí a ideia do *best friend* (melhor amigo).

É nessa fase que tem início a puberdade com visíveis alterações físicas como o estirão do crescimento, o luto pela perda do corpo infantil, da identidade, dos papeis infantis e dos pais da infância. Apesar de alguns pais ainda insistirem na ideia de chamar e tratar seus filhos adolescentes como fossem bebês, é importante aceitar e se alegrar por saber que estão crescendo de forma saudável.

Diante de tantas transformações e percepções, o jovem parte para a construção de sua identidade, através da busca de valores e objetos pessoais mais permanentes.

Nesse sentido, aumenta-se a necessidade de vivências e atitudes de tendência grupal, a necessidade de intelectualizar e fantasiar, uma vez que seu desenvolvimento cognitivo já permite criar hipóteses. Observa-se nesta fase uma capacidade de senso crítico e, por isso, podem ocorrer crises religiosas, atitudes sociais idealistas e condutas contraditórias. Percebe-se também uma separação progressiva dos pais e as constantes flutuações do humor e do ânimo. Uma hora estão tão sorridentes que precisamos perguntar: "Que alegria é esta menino?" Em outra hora, estão desanimados e tristes.

No âmbito geral há uma grande preocupação com a aparência. Os jovens adolescentes querem ser diferentes, mas se vestem de maneira igual ao grupo porque se preocupam em fazer parte dele e o vestuário é uma forma de adesão.

Os adolescentes precisam de grupos e experimentam diversos grupos para tentar se encaixar, se sentir aceito, afastados da solidão, evitar a exclusão e se sentirem pertencentes. O papel que a igreja exerce neste momento é super importante, principalmente através das atividades promovidas especialmente para os jovens e os adolescentes.

Diante dos conflitos buscam sempre um senso de

justiça e quando há êxito na resolução é um exercício para a autoestima, caso contrário, haverá insegurança. Adolescente gosta de ganhar discussões, pois isto leva-os a uma espécie de segurança em si mesmo.

Outra boa observação nesta fase é que eles geralmente só pensam "no aqui e no agora". Dessa forma, um ano para eles é muito tempo e é por isso que não se importam com o futuro.

Para saber lidar com todas estas mudanças, o apoio dos pais na fase da pré-adolescência é fundamental, pois uma adolescência saudável começa na infância.

Acredito que, quando um jovem procura um líder para relatar sobre sua vida privada, é porque ele não tem encontrado em seu lar esta pessoa a quem possa procurar. Isto me faz lembrar da vida de Simão Pedro quando ele faz uma pergunta a Jesus que também serve como resposta. Pedro disse: *a quem iremos nós Jesus?* E ele mesmo conclui dizendo, *se só tu tens palavras de vida eterna.*

Não é minha intenção interpretar hermeneuticamente o contexto deste episódio da vida cotidiana dos discípulos com o mestre Jesus, mas esta pergunta de Pedro ainda ecoa nos corações de muitos hoje em dia, em especial da nossa juventude cristã que procura insistetemente alguém a quem eles possam achar para poder falar de seus medos, fantasmas, inquietude, agitações, vacilos e pecados. A quem iremos nós? Quem sabe você leitor já tenha se deparado com esta pergunta. A quem procurar agora? A quem recorrer? São perguntas realizadas silenciosamente pela maioria dos jovens.

A frase mais famosa do personagem do humor mexicano Chapolin Colorado foi "*quem poderá nos ajudar?*". Quando era jovem (isso já faz algum tempo), o meu desejo era encontrar alguém a quem pudesse falar com segurança sobre as minhas inseguranças, falar abertamente sem meias verdades sobre o que estava acontecendo comigo, com meus pensamentos e meu corpo sem ser condenado por olhares, expressões ou algo assim.

Há alguns dias recebi a visita de um rapaz em minha sala. Sua aparência demonstra muita felicidade e sucesso. Seus pais dão à ele tudo o que um jovem de sua idade desejaria ter: roupas de marca, tênis da moda, grandes somas de dinheiro mensalmente e até mesmo um automóvel muito bom ao completar 18 anos de idade, mas o que ele mais desejava era receber a atenção dos pais. Ele me disse assim: "eu pedi ajuda a eles todos os dias mas nenhum deles se importava o suficiente para me enxergar".

Infelizmente muitos pais tentam substituir sua presença oferecendo presentes. Muitos se esquecem que coisas não são capazes de oferecer o que apenas os pais podem dar: atenção, conforto, amor e reconhecimento. Talvez seja esta a razão de muitos filhos amarem mais as coisas do que as pessoas.

Quando tinha 16 anos, era um jovem bastante observador do comportamento das pessoas. Na verdade, eu era uma espécie de crítico e não sabia. O fato é que nada passava desapercebido aos meus olhos extremamente detalhistas. Fazia a leitura do comportamento das pessoas pensando que, se um dia Deus me colocasse como líder, certamente faria muitas coisas diferentes na igreja. Dentre as coisas que percebia, estava incluso o comportamento de pessoas que agiam de forma velada ou disfarçada entre as quatro paredes, ou seja, deixavam a sua natureza verdadeira do lado de fora e traziam uma espécie de versão melhorada para dentro da igreja.

Esta versão melhorada, sempre continha sorrisos, abraços, expressões de alegria e um bom humor sempre notado por todos. Dessa forma, pareciam ser as pessoas mais felizes do mundo. Aquilo me perturbava, pois muitos daqueles jovens com quem eu convivia, quando estavam fora do ambiente religioso vinham falar comigo sobre coisas tão sombrias e tristes que não eram poucas as vezes que voltava para minha casa cheio de amargura e tristeza também.

Pude perceber que as pessoas procuram pessoas de confiança que não as julgue mais do que elas mesmas já se julgam, e que não gere nelas mais um complexo de culpa ou de inferioridade, pois quando chegam a falar sobre a vida sombria, negativa, cheia de medo e traumas que elas têm, consideram-nos como as pessoas mais importantes do mundo para elas naquele momento. É um momento extremamente especial e honroso estar na posição de escuta de alguém que te escolheu dentre tantas para falar da sua vida particular. Nada pode ser mais importante do que aquela pessoa ou o momento em que você está ouvindo. O momento de uma escuta é o ambiente em que estas pessoas são elas mesmas, sem rodeios ou sem máscaras.

Me recordo que aos 17 anos aproximadamente estava mergulhado em pensamentos sexuais. Uma dúvida pairava sobre minha mente e a dúvida estava relacionada com a prática da masturbação ou do que chamo hoje em palestras de *sexo egocêntrico*, ou seja, o sexo praticado com você mesmo. Um dia, fui comentar com um líder que tinha praticado a masturbação e aquele ato estava me levando a constantes pensamentos de culpa e também de medo, pois estava chegando o dia de participar da ceia do Senhor e nao me sentia digno de participar. O fato é que eu estava desesperado e a pessoa que escolhi para falar sobre meu conteúdo mais sagrado era aquele líder.

Quando comecei a falar sobre o que tinha acontecido comigo e sobre aquela angústia, percebi que os olhos dele ficaram arregalamos como quem está sendo surpreendido com algo terrível, mas eu continuei falando as coisas e então, ele colocou as mãos no rosto, abaixou a cabeça e respirou bem fundo parecendo que iria explodir por dentro. Aquilo também estava me destruindo. Ele levantou o rosto e disse: "eu não acredito que você fez uma m... destas". Quando ele disse isto, meu coração bateu tão rápido que parecia querer sair pela boca. Ele continuou dizendo: "onde que você está com a cabeça cara, você é doido? E o que ensinamos na escola dominical passada? Não acredito na besteira que você fez!"

Bom, resumindo as coisas, aquela experiência tornou-se traumática para mim, levando-me a não mais falar com nenhum líder em toda a minha juventude, pois, por causa daquela situação constrangedora que não me fez crescer em nada, não tinha mais segurança em ninguém.

O resultado foi que novas experiências negativas vieram em minha vida e me levaram a ter dias fora da igreja e da comunhão com Deus, talvez por falta de uma pessoa com sabedoria suficiente para lidar com as perturbações próprias dos jovens.

Por isso é que quando sou questionado que tipo de líder eu sou, a resposta está sempre na ponta da língua: TENTO SER O LÍDER QUE EU NUNCA TIVE.

02

Que líder sou eu?

A depressão é o último estágio da dor humana. *Augusto Cury*

Percebo que algumas pessoas consideram a liderança apenas como o ato de permanecer à frente de um grupo, mas isso está muito distante do que a liderança realmente é. Liderar pressupõe uma descoberta de si mesmo que aflora na busca obstinada de um propósito de vida, e que servirá de inspiração a outros, que verão em você a influência, motivação e encorajamento. Todos têm o potencial de liderar, pois foram criados para isso, mas o exercício dessa liderança requer disciplina, integridade, paixão e várias outras características que podem ser lapidadas.

Me perguntaram em um programa de rádio para o qual havia sido convidado. O assunto em debate era: qual o grande segredo em trabalhar com jovens tantos anos e ainda assim ser efetivo em sua liderança? A resposta que pude dar no momento foi que o segredo consistia em me contextualizar sempre, ou seja, estar ligado em tudo o que acontece ao redor. Porque disse isso? Apesar de pensar que a resposta poderia ter sido melhor trabalhada, o que falei naquele momento partiu da compreensão que tenho por trabalhar há mais de uma década com garotos e garotas em fase de construção de sua identidade e que vivem constantemente os desafios que só podem ser vencidos com a ajuda de líderes que estejam no mesmo mundo que eles.

Uma das tragédias que um líder de jovens ou até mesmo os pais podem fazer, é abortar a juventude de alguém, ou seja, forçar os jovens a viverem uma fase superior sem viverem devidamente a anterior.

"Não exija de seus jovens a maturidade que você tem", essa foi a orientação recebida por um líder que estava em crise porque haviam uns rapazes na sua igreja deixando o cabelo crescer e uma garota que tingira o cabelo de vermelho. Ele conseguiu entender que é preciso mergulhar no mundo deles para influenciá-los de forma positiva.

Mundos Diferentes?

Quando digo "mesmo mundo", na verdade faço uma crítica a líderes que não buscam aperfeiçoar seus ministérios e nem tampouco observam ao seu redor para tentar enxergar o quanto o mundo está mudado. Muitos líderes de jovens nos dias atuais, infelizmente estão com um pé no passado e parecem que se aprisionam a ele de uma tal forma que seria melhor para todos que tivessem ficado por lá!

Tive uma professora no 5º período do curso de Psicologia que é uma grande e inteligente profissional na área e sempre dizia assim: "PASSADO QUE NÃO PASSOU, NÃO É PASSADO E SIM, PRESENTE". Constantemente sou questionado por pessoas que atuam como ministros da juventude sobre a diferença entre os jovens do passado e os da atualidade. Alguns chegam a afirmar que os jovens de hoje estão perdidos e que esta é uma geração de perdidos, de jovens sem compromisso e sem foco, vivendo a vida sem medir as consequências e sem pensar no próximo. Mas eu sempre gosto de meditar no que o sábio Salomão disse em Eclesiastes 7.10 "(...) nunca digas: *Por que foram os dias passados melhores do que estes?* Porque não provém da sabedoria esta pergunta".

É claro que não podemos desprezar a experiência vivida, a tradição estabelecida ou os princípios consolidados e passados de geração em geração, mas o que está em questão não tem nada a ver com isto. O que está em questão é que se ficarmos olhando para o passado, como se tivéssemos olhos na nuca e não no rosto, não prosperaremos naquilo que estamos fazendo, pois, o passado tem lugar certo para ficar e o lugar correto é no PASSADO.

Fazer comparações destrutivas e pessimistas simplesmente para exaltar um tempo ou um grupo de pessoas de determinada época não é sábio por parte do líder que quer fazer a diferença em seu tempo. É necessário lembrarmos do espetacular conselho do apóstolo Paulo aos filipenses: "(...) *esquecendo-me das coisas que para trás ficam e avançando para as que diante de mim estão, prossigo para o alvo, para o prêmio da soberana vocação de Deus em Cristo Jesus*" (Fp 3.13,14).

O fato é que o tempo não irá voltar e ponto final. Outra coisa quanto a este fato é que o que deu certo em uma época enquanto forma de trabalho, pode não dar certo nos dias de hoje pelo simples fato de que as pessoas pensam e agem de forma diferente no momento atual, já que estamos diante de outro contexto cultural, social e religioso.

Lembro-me sempre de minha época enquanto adolescente na igreja. Foi um tempo maravilhoso onde pude experimentar vivências extraordinárias, conhecer e viver com pessoas que marcaram minha história e também ajudaram a formar meu caráter. Naquela época funcionava um estilo de liderança mais robusta, impositiva, autoritária e também conservadora. Não estou criticando as lideranças do passado, até por que eram outros tempos e outros contextos. Cada líder deve desenvolver seu trabalho de acordo com as normas, estilos e contextos de sua época.

A verdade é que toda a sociedade dos anos 80 e início dos anos 90 era parecida com esta forma de viver. Mesmo pessoas que não eram da igreja também eram mais conservadoras e tradicionais, viviam dentro de padrões sociais bem estabelecidos e rígidos. A conhecida "doutrina" dos usos e os costumes era bem clara e definida para toda a igreja e em especial, para os jovens, e isto era aceito entre nós e todos éramos abençoados. Isso é fato.

Alguns companheiros e amigos não concordavam com aquele estilo estabelecido e tiveram a infelicidade de saírem da igreja acabando com suas vidas no mundo, ou seja, fora da igreja.

Pasmem!

De acordo com a OMS (Organização Mundial de Saúde), cerca de 5,8% da população brasileira sofre de depressão – um total de 11,5 milhões de casos. O índice é o maior na América Latina e o segundo maior nas Américas, atrás apenas dos Estados Unidos, que registram 5,9% da população com o transtorno e um total de 17,4 milhões de casos.

O levantamento mostra que, além do Brasil e dos Estados Unidos, países como a Ucrânia, Austrália e Estônia também registram altos índices de depressão em sua população – 6,3%, 5,9% e 5,9%, respectivamente. Entre as nações com os menores índices do transtorno estão as Ilhas Salomão (2,9%) e a Guatemala (3,7%). A prevalência na população mundial, segundo a OMS, é 4,4%.

Desmitificando o que é transtorno depressivo?

O transtorno depressivo é uma doença psiquiátrica crônica, extremamente comum, caracterizada por uma alteração do humor do paciente, que o deixa triste além do normal, desanimado, sem energia, com baixa autoestima e com dificuldade de lidar com sua vida pessoal e profissional.

A depressão foi uma doença muito mal compreendida durante décadas. Isso levou a interpretações equivocadas sobre as suas causas e sintomas, provocando uma estigmatização dos seus portadores. Até hoje, é comum encontrarmos pessoas deprimidas que não aceitam o seu diagnóstico ou familiares/amigos que tratam o paciente deprimido como alguém mentalmente fraco e incapaz de superar as dificuldades da vida, e isto só faz com que o estado do paciente se agrave ainda mais, portanto, se faz necessário que líderes, pais, amigos e pastores se voltem mais para o estudo deste mal que infelizmente tem arrancado de nosso convívio milhares de jovens e adolescentes.

Você que é líder de jovens ou está próximo de alguém com *Transtorno Depressivo*, precisa saber que não se deve tratar o paciente deprimido como alguém simplesmente triste, incapaz de reagir ou com preguiça, como muitos dizem por aí. Estive ministrando um seminário sobre os desafios da mocidade em um dos estados brasileiros e fiquei impressionado com a quantidade de jovens que estavam naquele lugar atentos ao que estava sendo ministrado. Tive a oportunidade de falar por mais de 2 horas sobre diversos desafios que jovens e adolescentes enfrentam nas diferentes áreas de suas vidas, as consequências emocionais e psicológicas enfrentadas por parte da nossa juventude hoje mergulhada em alguns vícios de comportamento não saudáveis e então, vivem em um sofrimento agonizante.

Em um dado momento, abordei o assunto da depressão e suas formas de tratamento no seio da família e, enquanto eu falava, pude perceber uma garota entre 18 e 20 anos de idade sentada em minha frente, bonita e bem vestida que, por alguns segundos olhava para mim e logo depois abaixava seu rosto, como se não conseguisse ouvir o que estava sendo dito através da palestra, mas também não deixa de se prender na ministração.

Continuei abordando o tema, porém, no decorrer da ministração quando pude falar da importância dos pais e dos líderes no processo de cura para os que tem transtornos depressivos, ela começou a chorar compulsivamente e tentava limpar as lágrimas como se não quisesse que alguém percebesse seu estado. Os que estavam próximos a ela perceberam o seu estado e começaram a abraçá-la na tentativa de consolá-la. Precisei interromper a palestra e pedi para que formassem grupos de cinco pessoas e que então se abraçassem e lançassem palavras abençoadoras uns para os outros, palavras como:

- "Você é importante para mim";
- "Sua vida é um presente para mim";
- "Deus tem um futuro extraordinário para você".

Todos ali presentes começaram a falar palavras abençoadoras, curadoras e libertadoras uns aos outros de tal forma que tivemos uma experiência intensa. Deus derramou seu profundo amor de maneira tão intensa que foi impossível conter as lágrimas.

Naquela manhã ouvi sussurros e gemidos que até aquele dia não tinha ouvido. Deus fez coisas incríveis, ele quebrantou corações e curou emoções. Foi algo extraordinário. Percebi o quanto nossos jovens precisam ouvir palavras de cura, de afirmação, declarações proferidas sobre suas vidas e sobre áreas de suas vidas que estão desabastecidas destas palavras tão necessárias para o bom funcionamento da mente, da boa e equilibrada manutenção das emoções.

Nenhuma palavra torpe saia da boca de vocês, mas apenas a que for útil para edificar os outros, conforme a necessidade, para que conceda graça aos que a ouvem. *Efésios 4.29*

03

Causas e sintomas da depressão

Só aquilo que somos realmente tem o poder de nos curar. *Carl Gustav Jung*

Mais do que apenas um ataque de tristeza, a depressão não é uma fraqueza ou falta de disciplina, nem é algo que a pessoa possa simplesmente resolver apenas com a vontade própria. Para o deprimido, deixar de estar triste não é como o fumante que pretende parar com o cigarro. Não é uma questão de tomar a decisão e manter-se fiel a ela. A depressão é uma doença crônica que geralmente requer tratamento a longo prazo, como o diabetes ou a hipertensão. Assim como ninguém deixa de ser diabético apenas com a força de vontade e através do pensamento positivo, a depressão também precisa de ajuda médica para ser controlada.

O transtorno depressivo pode surgir em qualquer fase da vida, desde a infância até a terceira idade. É uma doença tão comum que estima-se que 12% dos homens e até 25% das mulheres apresentarão algum grau de depressão ao longo de suas vidas. É interessante que líderes e pastores tenham o conhecimento que este distúrbio é duas vezes mais comum em mulheres do que homens e é mais comum em adultos jovens do que em idosos.

Diferenças entre tristeza e depressão

É importante e útil ao leitor saber as diferenças existentes entre tristeza e depressão, pois sabendo dessas diferenças, poderemos conceder ajuda às pessoas de maneira mais eficaz.

Tristeza

Não é estranho perceber alguns irmãos na igreja, na família e até mesmo entre os amigos que fazem confusão sobre a Depressão. O termo deprimido é muitas vezes usado como sinônimo de alguém triste. Tristeza e depressão são coisas diferentes. Na verdade, a tristeza costuma ser um dos sintomas da depressão, mas só ela não basta para alguém ser diagnosticado como depressivo.

A tristeza é uma reaçao normal e esperada para muitas situações, como a morte de um ente querido, o fim de um relacionamento amoroso, a perda do emprego e outros momentos atípicos que temos durante nossa vida. É completamente normal o indivíduo passar alguns dias ou semanas triste após situações de perda de um namorado por exemplo, ou a perda de um ente querido, mas que fique bem claro que isto não é considerado um transtorno depressivo maior.

Depressão

Para ser depressão, o quadro de tristeza tem que ser prolongado e acima do normal, sendo suficiente para interferir nas atividades diárias da pessoa, reduzindo a capacidade de cuidar de si mesmo, atrapalhando relacionamentos, prejudicando suas atribuições profissionais, etc. Se você perde um parente e sente-se triste por semanas, isso é normal. Mas se esta tristeza for tão intensa que semanas após a perda você ainda não conseguiu retomar a sua vida em questões básicas, como trabalhar, manter a higiene pessoal, cuidar da casa, isso pode ser depressão.

Na tristeza, o indivíduo costuma apresentar períodos de melhora ao longo do dia, conseguindo esquecer por momentos a causa da sua tristeza, como, por exemplo, durante a visita de uma pessoa querida. Na depressão, o sentimento é contínuo e não alivia com a ajuda de outros. A depressão costuma também provocar um sentimento de culpa, mas sem motivo aparente. O deprimido sente uma pesada culpa, mas não sabe explicar bem o porquê.

É bom salientar que o paciente deprimido nem sempre apresenta para os amigos e família aquele clássico comportamento de tristeza excessiva. O transtorno depressivo pode ser mais sutil, manifestando-se como perda do interesse em atividades que antes eram prazerosas, ausência de planos para o futuro, alterações do padrão do sono, isolamento social ou baixa autoestima. Para estar deprimido não é preciso passar o dia inteiro na cama chorando.

A tristeza sempre tem uma causa, já a depressão, não. Obviamente, o falecimento de uma pessoa próxima pode desencadear um transtorno depressivo, mas nem sempre situações tristes precisam ocorrer para o indivíduo iniciar um quadro de depressão.

Causas da depressão

Estas informações são de grande importância para quem lida com pessoas como é o caso dos líderes, pais, pastores e outros profissionais que estão sempre em contato com outros humanos. Então, vamos entender um pouco as possíveis causas da depressão. Como acontece em diversas doenças psiquiátricas, não existe uma causa única para a depressão. A doença parece ser provocada pela interação de diversos fatores, sejam eles físicos ou psicológicos.

Fatores orgânicos responsáveis pela depressão

A depressão não surge apenas por problemas emocionais ou psicológicos. Através de estudos médicos já foram reconhecidos vários fatores de risco e causas orgânicas.

Genética

Pessoas que possuem familiares com depressão apresentam um maior risco de também desenvolverem a doença, indicando que existe uma vulnerabilidade à depressão que pode ser herdada geneticamente. Na verdade, ter familiares próximos com outras doenças psiquiátricas, como síndrome do pânico, distúrbios afetivos ou até mesmo alcoolismo, também são fatores de risco para depressão.

Apesar de intensos estudos na área, ainda não se conseguiu identificar os genes responsáveis pela vulnerabilidade à depressão.

Apesar da herança genética ser aparentemente um fator importante, ela sozinha não é suficiente para desencadear a doença. Isso é facilmente comprovado através de estudos de irmãos gêmeos idênticos, onde se viu que há concordância em apenas 40% dos casos. Portanto, outros fatores além da genética são necessários para que o transtorno depressivo surja.

Neurotransmissores

O cérebro humano é uma estrutura altamente complexa, cujo funcionamento depende de centenas de mediadores químicos. Sabemos hoje que boa parte das doenças psiquiátricas estão relacionadas a, pelo menos, 5 destes neurotransmissores: noradrenalina, serotonina, dopamina, ácido gama aminobutírico (GABA) e acetilcolina.

A abundância ou a falta de alguns destes neurotransmissores em certas partes do cérebro podem desencadear graves distúrbios psiquiátricos e neurológicos. São exemplos disso: uma falta de dopamina em determinadas áreas da base do cérebro provoca a doença de Parkinson, já a doença de Alzheimer parece estar relacionada com níveis baixos de acetilcolina no cérebro.

A depressão tem origem no funcionamento anormal de alguns destes neurotransmissores, como a dopamina, serotonina, noradrenalina e GABA. Dentre estes, a serotonina parece ter o papel mais relevante, estando habitualmente em níveis reduzidos nos pacientes com depressão.

Uso de drogas ou álcool

Hoje, o que mais assistimos nos comerciais de televisão são campanhas publicitárias de bebidas alcoólicas mostrando cenas de mulheres seminuas e homens com o físico invejado. Neste tipo de publicidade todos são bonitos e saudáveis e estão em uma praia paradisíaca sempre sorridentes ingerindo bebidas e mais bebidas, tentando passar uma imagem que a realidade jamais poderá reproduzir. Portanto, querido jovem, cuidado com o que estão tentando mostrar ou projetar em seu cérebro, pois as doenças que causam dependência também estão sob a influência destes neurotransmissores citados no tópico anterior.

Drogas e álcool exercem seus efeitos através do aumento da liberação de dopamina no cérebro, o que provoca euforia e uma sensação agradável momentaneamente. O problema é que o uso repetido de drogas ou álcool dessensibiliza o sistema da dopamina, fazendo com que o mesmo se acostume com a presença destas substâncias. Por isso, pessoas viciadas precisam cada vez de mais drogas ou álcool para atingirem o mesmo grau de satisfação, podendo deixá-las deprimidas quando estão fora do efeito destas substâncias.

O cérebro da pessoa viciada se acostuma a viver com níveis cada vez mais elevados de neurotransmissores estimulantes, fazendo com que os níveis normais passem a ser insuficientes para controlar o humor do indivíduo. Digo sempre aos jovens em palestras: "não há necessidade de tentar adquirir alegria sintética e artificial, pois o sintético acaba e o artificial não permanece, fique com a presença do Espírito Santo, pois além de ser de graça, não acaba e quanto mais temos mais queremos ter".

Alterações do cérebro

Além da redução da concentração de neurotransmissores, pacientes com depressão também apresentam alterações na anatomia do cérebro, como reduções de volume do lobo frontal e do hipocampo.

Estudos de neuroimagem também evidenciam alterações no funcionamento de várias áreas do cérebro em pessoas com depressão. Pesquisadores descobriram uma área do córtex pré-frontal com uma atividade anormalmente diminuída em pacientes com esse distúrbio. Esta região está relacionada com a resposta emocional e tem conexões generalizadas com outras áreas do cérebro responsáveis pela regulação de neurotransmissores associados ao humor, como noradrenalina, dopamina e serotonina.

Doenças cerebrais

É cada vez mais aceita a relação entre o acidente vascular cerebral (AVC) e o surgimento da depressão. Sabemos hoje que a depressão que surge após um AVC não é provocada somente por abalos psicológicos devido às consequências perceptíveis do AVC, como as sequelas motoras ou da fala. A própria lesão direta do cérebro pelo derrame cerebral aumenta o risco do surgimento da depressão. Mesmo que as consequências do AVC não tenham grande efeito psicológico no paciente.

Doenças crônicas

Lembro aos leitores que nenhum destes fatores pode ser considerado como determinante para nossas vidas, ou seja, não é porque alguém tem uma doença crônica que terá depressão ou porque um dia a pessoa usou algum tipo de drogas que está destinada a sofrer de transtorno de humor (Depressão). Estes são fatores que podem levar ao estado da Depressão. Exemplo disso são os pacientes portadores de doenças crônicas que também estão mais vulneráveis ao aparecimento do transtorno depressivo. Dentre estas doenças as mais comuns são: diabetes, doenças cardíacas, hipotireoidismo, AIDS, cirrose, doença inflamatória intestinal, lúpus, artrite reumatóide, fibromialgia, entre outras.

Traumas na infância (o que acontece na infância não fica na infância)

Um certo dia fui convidado a ministrar em uma cidade sobre Sexualidade e Homoafetividade entre Jovens. Antes de ir ministrar, ainda no hotel,desci ao restaurante para tomar café da manhã junto com o motorista que foi me buscar para o evento. Me servi de um pão francês com manteiga e um copo de café. Sem me preocupar por estar em sua presença peguei o pão e mergulhei com toda vontade dentro do café e comi aquele delicioso pedaço de pão molhado no café adocicado do jeito que eu gosto! O motorista quando me viu concentrado naquela cena fez o seguinte comentário: "nossa pastor Frank, PÃO MOLHADO NO CAFÉ?".

Para quem me conhece sabe o quanto sou informal em relação à comidas, mas em especial no café daquele dia eu pude dizer algo a ele dito por teóricos das ciências humanas: "amigo, o que acontece na infância não fica na infância, carregamos a vida inteira! A minha forma de tomar café está ligada à minha infância, na forma que fui criado, na cultura em que fui gerado e na situação econômica que pude viver".

Lembrei-me disso para ilustrar que fatos ocorridos na infância são extremamente relevantes para explicar nossos comportamentos no presente momento. Muitas das angústias que adultos sofrem hoje, é decorrente de episódios traumáticos ocorridos em nossa infância. O apóstolo Paulo reconhece que somos um edifício e declara na Primeira Carta aos Coríntios 3.9: "Porquanto nós somos colaboradores de Deus; vós sois a lavoura de Deus e edifício de Deus (...)". Como edifício, há a necessidade de compreendermos que a peça de baixo está ligada à peça de cima. A base está associada com as paredes e por consequência, com o telhado. Assim é a nossa vida, os primeiros anos de nossa vida são muito importantes, afinal, o que ocorre nestes anos pode trazer saúde ou doença em anos futuros.

Há tempos sabemos da importância da infância para uma vida adulta feliz e saudável psicologicamente. Recentemente li um artigo que abordava o assunto. O autor citava o seguinte exemplo: se uma criança que chora e pede para ser alimentada é ignorada pela mãe, mas é alimentada, enquanto espera em silêncio, a criança grava em seu subconsciente, que quando quer alguma coisa não deve pedir, nem chorar, mas esperar, pois alguém vai perceber sua necessidade apenas por seu silêncio. Achei o exemplo esplêndido, porque, apesar de fazer muito sentido e parecer lógico, é algo tão cruel, que eu não havia pensado nisso. Percebi o quanto pequenas atitudes podem influenciar o comportamento de um indivíduo para sua vida inteira, sem que o mesmo se dê conta.

Ao término de uma palestra sobre relacionamentos interpessoais e intrapessoais em São Paulo, conheci a história de dois vizinhos: as paredes dos apartamentos não eram maciças o bastante para abafar os sons mais altos. Em todos os dias a mãe das crianças parecia um "anjo" enquanto o marido estava em casa, falava baixinho e parecia a melhor mãe do mundo além de esposa exemplar, porém, assim que o marido saía de casa, a mulher começava a gritar com as crianças freneticamente. Por vezes trancava-as no banheiro ou no quarto enquanto limpava o apartamento. O caso era claro: o casamento não ia bem, por isso, a mulher queria ser sempre melhor do que a ex-mulher do marido e tentava a todo custo manter a casa na mais perfeita ordem. Quando o homem chegava em casa, a mesma estava impecável e a mulher parecia ser doce, mas só até o marido se ausentar novamente.

Fiquei me perguntando sobre a aprendizagem que aquelas duas crianças vão levar para suas vidas adultas a respeito dessas experiências com sua mãe. Será que sempre verão no pai o falso herói, que era capaz de transformar a mãe nervosa em uma pessoa calma e prestativa? Será que se darão conta algum dia, da oscilação terrível de humor a que eram submetidos diariamente, por conta da fraqueza da mãe? De que forma esse tipo de experiência afetará a vida daquelas crianças quando já adultas? Penso que como pai, pastor e líder de mocidade, a resposta encontra-se nesta geração de jovens que temos atualmente.

Ao observar os traços de personalidade dos que estão mais próximos a nós, nem é preciso ser um profissional da área da psicologia para poder notar que nossa juventude é o resultado do investimento que receberam enquanto crianças por pais, educadores, líderes, familiares e amigos, isto, sem mencionar o fator cultural onde cada criança foi estabelecida por Deus.

Tive a grata alegria de conhecer um casal de pastores no extremo norte do país, por ocasião de uma viagem que fiz para ministrar em uma festa muito alegre, onde pude falar a milhares de jovens sedentos pela palavra de Deus, mas também cheio de dúvidas em suas vidas. Este casal em especial tinha um único filho que foi criado com muito carinho e cuidado pelos pais. Em conversa em sua casa, por ocasião de um belo jantar, os pais confessaram a mim que quando eram mais jovens ainda nos primeiros anos do casamento tiveram um outro filho que foi recolhido pelo Senhor em seu segundo ano de vida devido a uma doença.

Aquele episódio transformou completamente o casal, fazendo com que a esposa fosse mergulhada em um profundo estado de depressão. No auge da doença, ela tentou por 4 vezes o suicídio através de ingestão de dosagens altíssimas de remédios tarja preta, tidos como remédios controlados e somente prescritos por médicos em casos muito específicos.

Esta situação mudou tudo entre eles, mas Jesus logo entrou na casa deles através de uma pregação dominical em uma das igrejas próximas à sua casa. Aos poucos, foram trabalhados pelo Espírito de Deus, principalmente em seus pensamentos que estavam disfuncionais e provocavam sentimentos distorcidos, por isso, o sofrimento estava estabelecido.

No segundo ano após a conversão, a notícia mais bela e poderosa chegou na casa daquele casal recém-convertido, a esposa estava novamente grávida. Deus os agraciou com mais um filho e este fato serviu de testemunho na bela igreja onde estavam plantados, mas o episódio da perca do seu primeiro filho fez com que o pai e sacerdote daquele belo lar criasse seu novo filho de uma forma superprotegida. Os avós aconselhavam, os amigos também e até mesmo os seus pastores aconselharam aquele casal quanto à forma exagerada de amor dispensado àquela bela e meiga criança.

Privaram o seu filho de brincar nos parques, não permitiam que ele saísse sem uma espécie de kit de proteção, e não permitiam que a criança desenvolvesse suas habilidades. Aos 8 anos de idade os pais ainda não permitiam que ele se alimentasse sozinho usando talheres e a roupa sempre era o pai quem colocava. O pai chegou ao ponto de faltar ao trabalho por ter tido pesadelos à noite com o filho se acidentando. Era evidente que esta forma inadequada e exagerada de proteção estava ligada à uma possibilidade de nova perca de um filho. Tudo isso é associado a uma ausência de tratamento que levou aquela promissora criança, a se tornar um jovem de 19 anos totalmente inseguro, introspectivo e temeroso.

Pude conversar com aquele jovem e depois falei com seus pais. Tive a mais absoluta certeza que muito do que aquele jovem era estava ligado ao investimento que havia recebido na infância. Este investimento é entendido como toda forma de nutrientes sociais que podemos receber enquanto criança.

Vejo hoje em muitas igrejas o ministério infantil bastante avançado e proeminente. Acredito que isto certamente trará para os próximos anos uma geração saudável e pronta para enfrentar os desafios nas áreas espiritual e emocional.

Conforme afirmado anteriormente, traumas adquiridos na infância são um importante fator de risco para o desenvolvimento da depressão. Entre os traumas estão os abusos, a ausência do pai, o falecimento de um ente próximo, as agressões ou a falta de afetividade por parte dos pais.

Relações problemáticas com pais, irmãos e colegas são comuns em crianças e adolescentes com depressão. Adultos depressivos também frequentemente relatam pouco envolvimento paterno e superproteção materna durante a primeira infância. Crianças que sofreram *bullying* também estão sob maior risco de se tornarem depressivas.

Estresse emocional

Embora o transtorno depressivo possa surgir sem qualquer fator emocional precipitante, estresses e perdas pessoais certamente aumentam o risco. Perdas de pessoas amadas são fatores de risco importante nos indivíduos mais jovens. Nos mais velhos e com longos casamentos, a perda do esposo ou da esposa também costuma ser um evento desencadeador de depressão.

Em nossos dias, não é difícil conhecer um jovem que esteja mergulhado em contextos como isolamento social, excesso de críticas e cobranças por parte da família, dificuldade econômica persistente ou baixa autoestima. Todos estes contextos podem desencadear um estado depressivo. Aos pais, educadores, pastores e jovens que estão sendo ministrados por este livro, é bom estar atento a estes que chamo de "estágios da vida", pois todos estes estágios podem levar a um estado de depressão.

A crítica excessiva leva os jovens em especial a um estado de tensão psicológica e também a um rebaixamento da autoconfiança, impedindo-os a se tornarem adultos potencialmente extraordinários.

Vivemos em um mundo de extrema cobrança. Por todos os lados da vida por onde percorremos, encontraremos cobrança e crítica. Penso que nesta década isto tem sido potencializado de uma forma proposital pelo inimigo de nossas almas com a intenção de enfraquecer nossos jovens.

Desde a infância, nossos filhos são cobrados por uma série de situações. Por exemplo, existe a expectativa sobre quando a criança vai começar a falar, e, quando consegue falar, a pressão se intensifica sobre quando irá andar. Quando a criança aprende a andar se inicia a pressão para ingressar o mais rápido possível no jardim da infância. Após ser matriculado em uma escola, começa a pressão para que a criança saiba ler e escrever. Após tudo isto, começa a pressão dos professores para que nossos filhos concorram entre si por notas cada vez mais altas. Toda esta pressão, aceita como normal em nossa sociedade provoca uma tensão prematura nos jovens e pode levar a problemas e traumas mais sérios futuramente.

Hoje já existem escolas que ensinam 3 línguas além daquela original da criança. Quando a adolescência se inicia e a palavra "faculdade" já percorre a mente dos adolescentes que se isolam trancados em quartos ou em salas de aula durante períodos excessivos para alcançar a nota mais alta possível nas avaliações que poderão levá-lo à faculdade desejada. Nem sempre a faculdade é aquela sonhada pelo jovem, pois, em muitos casos, a universidade chega para realizar o sonho dos pais e não os do jovem.

É fácil perceber que durante este curto tempo de vida, só existiram cobranças e, em muitos casos, críticas, principalmente quando a criança ou jovem não "bate a meta" deixando de alcançar o lugar projetado pelos pais ou família. Todos estes fatores levam os nossos jovens à uma vida privada de sensações e momentos que só seriam possíveis de experimentação na infância: andar a cavalo, brincar de bola na rua, praticar as brincadeiras passadas de pai para filhos como caí no poço, esconde-esconde, Beti, subir em árvores ou banhar em rios.

Foram estes momentos que nos fizeram ser os pais que somos, porém, nossos filhos estão sendo inseridos em um ambiente tão tenso e expostos a um estresse emocional que, se não for identificado e cuidado, certamente o fim será ter dentro de nossas casas e igrejas uma mocidade que sorri para todos, mas são frágeis em suas emoções e ainda pior, são enjaulados em estados depressivos e podem até mesmo chegar ao suicídio.

O fato de um jovem ou adolescente estar com depressão não quer dizer que este jovem/adolescente está condenado para a vida toda. Precisamos compreender um pouco mais de como podemos ajudar enquanto líderes, pastores, pais ou amigos de pessoas que estão passando por esta fase.

No capítulo anterior penso que as informações sobre alguns tipos de depressão descritas, apesar de não contemplar todas as variáveis e curvas da depressão alcançaram seu objetivo: esclarecer de forma simples o assunto. Desde o início, a intenção deste livro é trazer a você, leitor, de uma forma direta e mais clara possível, a compreensão sobre este mal que tem levado muitos da nossa juventude para caminhos ainda piores.

04

Cura para a depressão?

A mudança acontece quando se
reconhece que precisa mudar.

Quando um membro da família, um jovem da igreja ou um amigo sofre de depressão, o apoio e incentivo do líder pode desempenhar um papel muito importante em sua recuperação. É claro que existem casos onde uma intervenção psiquiátrica se faz necessário no processo terapêutico. Leve sempre a sério quando alguém diz que está com depressão, procure ajuda o quanto antes, pois quanto mais rápido o tratamento, melhor e mais rápido será a cura.

Segue algumas dicas para saber como ajudar uma pessoa com depressão:

1. Não diga a uma pessoa com depressão que "você entende a situação", exceto se você já tenha passado por depressão em alguma fase da sua vida;
2. A recuperação da depressão não é apenas uma questão de tomar a medicação e ir à terapia. O tratamento envolve uma série de mudanças fundamentais em uma pessoa;
3. Encoraje a pessoa a falar sobre os seus sentimentos e esteja disposto a ouvir sem julgar;

4. Não espere que uma única conversa seja o fim de tudo;
5. Comece a conversa com algo do tipo: "Queria saber se está tudo bem contigo, ultimamente parece estar triste";
6. Aproxime-se da pessoa de forma a apoiá-la e manifeste sua preocupação com o seu bem-estar;
7. Tente transmitir uma sensação de compreensão;
8. Nunca diga: "Por que você não pode simplesmente sair da cama?";
9. Diga por exemplo: "Você parece ter dificuldade para sair da cama de manhã. O que posso fazer para ajudar?". Mostre preocupação.

Se puder, ofereça um abraço à pessoa pois isto também ajuda.

A melhor coisa que você pode fazer para ajudar alguém com depressão é estar com a pessoa, dar apoio ou fazer algo em conjunto como passear, fazer compras, ir ao cinema.

Jamais julgue ou critique a pessoa em depressão.

Palavras que ajudam

- Você é importante para mim.
- Diga-me o que posso fazer para ajudá-lo?
- Nós vamos encontrar uma maneira de se sentir melhor!

Evite palavras como:

- Está tudo na sua cabeça.
- Deixa de frescura.
- Isto é moleza.
- Você não tem o que fazer.
- Todos nós passamos por momentos como este.
- Eu não posso fazer nada sobre a sua situação.

Entenda que a depressão é uma questão complexa, que geralmente não é resolvida de forma rápida. Recuperar-se da depressão leva o seu tempo e envolve um conjunto de situações, porém nós, enquanto pais e líderes, precisamos mostrar à pessoa com depressão que esta situação é mais comum do que pensa, que é perfeitamente tratável e que não é um sinal de fraqueza.

O que devo fazer?

Reconhecimento

O processo de cura de um jovem/adolescente com depressão, passa, claro pelo reconhecimento do problema existente. Vejo que muitos, por ter vergonha do diagnóstico de depressão, acabam não falando sobre o assunto. De fato, a depressão carrega consigo um peso de preconceito e estigmas bastante negativos, agravados ainda mais pela falta de conhecimento sobre o assunto. Muitos ainda teimam em pensar que pessoas com a doença, na verdade, estão é com frescura, preguiça ou algum tipo de carência só para chamar a atenção de alguém.

Por várias vezes já tive o desprazer de falar com jovens, em especial rapazes, que foram diagnosticados com o transtorno por profissionais, mas, em seu convívio familiar são constrangidos e, por vezes, até violentados em suas emoções já fragmentadas por afirmações como as que eu mencionei acima: "o que falta para você é o que fazer". Já ouvi um pai dizer para mim "esse negócio de depressão se cura é com cinto ou um chá de cara no lombo".

Comportamentos como este além de atrapalhar o processo de cura do adolescente/jovem, em muitos casos, provocam rupturas no relacionamento familiar que somente Deus poderá restaurar.

Quando alguém da família, ou próximo a nós vier falar a respeito deste tipo de sofrimento, o ideal e respeitoso é ouvir. Em muitos casos, o processo de cura só poderá ser consolidado através da escuta.

Reconhecer que está com depressão pode levar a pessoa a um pensamento negativo de que é menor ou inferior a outros. A pessoa que está enfrentando uma depressão, precisa ser levada a compreender que o reconhecimento das debilidades existenciais é algo nobre e muito inteligente. Portanto, dizer à pessoa que está passando por isso que ela foi muito corajosa, muito inteligente e que você a admira por reconhecer esta dificuldade e compartilhar este momento já começa a produzir nela elementos salvadores que a ajudarão no processo terapêutico e o mais importante é que, após o processo de cura, a relação não sofrerá desgaste além do necessário, seja uma relação familiar ou de amizade.

Na depressão ouvimos com os ouvidos,
mas só escutamos com o coração.

Escuta qualificada

O segundo ponto é justamente o que mencionei no tópico acima, ou seja, a ESCUTA. Ouvir é uma arte hoje em dia. Quantos querem parar para ouvir problemas das outras pessoas? Quantos querem investir tempo em ficar em silêncio e, de forma gentil, ouvir sobre os problemas de outros? Vivemos um momento histórico onde parar é quase impossível para alguns devido a suas vidas aceleradíssimas. As pessoas hoje, como dizem os jovens, vivem "sempre no doze", na alta.

Se quisermos ajudar esta geração a vencer seus males, precisamos aprender o nobre e poderoso ofício de ouvir. Jesus ouvia as pessoas em todas as suas mazelas. Ele tinha tempo para ouvi-las, pois Ele sabia que, às vezes não é o quanto falamos que resolve, e sim, a disposição em ouvir que vai ajudar. Parar e estar atento às palavras de alguém com este sofrimento é no mínimo, curador.

Esta escuta, no entanto, não pode ser uma escuta qualquer. Esta modalidade eu chamo de "uma escuta qualificada". Escuta qualificada é aquela que você pratica não somente com os ouvidos, mas com o olhar, na atenção e também no modo de falar. Já aconteceu com você, falar com alguém e você ter a impressão que aquela pessoa não está ali? Isto é horrível e desrespeitoso.

O conteúdo de palavras que se recebe na escuta qualificada vem carregada de afetos, símbolos e significados de uma história peculiar existencial daquela pessoa, por isso, quando for ouvir, ouça também com os olhos, preste atenção aos lábios, aos gestos, ao tom da voz, no escorrer das lágrimas, nos gestos das mãos, nas pausas da fala e até mesmo na falta de conexão dos assuntos. É isto que eu entendo ser uma escuta qualificada.

Quando esta escuta acontece, a pessoa ouvida sente-se importante, valorizada e prestigiada. Quando você de fato ouve a história da pessoa com respeito, silêncio e atenção do olhar, isto ajuda muito a pessoa que passa por depressão.

Comunicação

Reconhecer é importante, ouvir também é. A comunicação também é de grande relevância no processo de restauração da vida deste jovem/adolescente que está com depressão. Entendamos que comunicação é o processo de transmitir e receber a mensagem.

Muitos, por não perceberem que a comunicação só pode ser entendida através deste viés, resume a comunicação ao simples ato de falar, falar e falar. A fala é importante, porém, a comunicação vai bem além da fala.

A comunicação é a transmissão de uma mensagem e o aguardo de uma resposta. Este trânsito de transmitir-receber-retransmitir-receber é que faz com que a comunicação seja uma ferramenta poderosa na restauração dos que estão com depressão.

A comunicação com uma pessoa que está com este mal, precisa ser também uma comunicação bastante atenciosa. Saber o que falar é importante bem como saber dar um *feedback* quando o assunto se refere a uma fala que se recebe de um jovem ou adolescente com depressão.

A comunicação não pode conter conceitos pré-estabelecidos ou então, o agravo da situação acontecerá, sem dúvida. Compreender a história deste adolescente ou jovem, ajudará muito no momento da comunicação. O que ouvimos e o que falamos tem muito significado. O próprio Jesus declarou que a boca fala (relata) o que o coração (sistema emocional) está cheio.

Suicídio entre jovens e adolescentes

Nestes últimos anos temos tido contato cada vez maior com este tema em nossas vidas. Seja pela mídia social ou pelos meios de comunicação temos acesso a notícias de suicídio cada vez mais próximos de nós ou até mesmo por passar esse tema pelos nossos próprios pensamentos. Quem já não teve um pensamento de morte em sua vida? Quem de nós nunca teve vontade que Deus nos levasse? Quem nunca sentiu desejo de não mais existir? Quem nunca teve vontade de desaparecer? A Bíblia menciona os casos de depressão dos profetas Elias e Jonas. É óbvio que a grande maioria das pessoas em seus momentos de angústia e de tristeza já tiveram esses desejos, ainda que seja por alguns segundos.

Suicídio é o resultado de muitos fenômenos e fatos existentes na vida de alguns. Falar sobre este assunto não é agradável e nem se torna fácil, porém, é extremamente necessário em dias como os atuais. Temos, porém que analisar o que antecede o suicídio, pois, a partir deste olhar é que compreenderemos as pessoas que cometem tal ato. Sabendo que o suicídio não é a causa e sim o efeito, temos que nos perguntar em primeiro lugar o que leva um jovem ou um adolescente a abrir mão de sua vida? Esta pergunta precisa ser feita a todos quanto desejam cooperar para a diminuição da morte voluntária entre nossos jovens.

Quanto à resposta a essas perguntas, acredito que o que não cabe é o pretenso julgamento ou inferências ao fato em si. Na faculdade de Psicologia, já no sexto período, aprendi algo interessante na aula de Fenomenologia: a coisa precisa ser vista como a coisa é, ou seja, o que leva uma pessoa a praticar este ato, precisa ser recebido sem nenhum pré-julgamento.

Deus nos fez seres únicos e cada um de nós tem uma estrutura própria e complexa.

Segundo a Organização Mundial da Saúde (OMS), cerca de 800 mil pessoas tiram a própria vida todos os anos. E um número muito maior, ao menos cogita ou tenta se suicidar. A morte voluntária já é a segunda maior causa de óbito entre jovens de 15 a 29 anos. São cifras que seguem avançando, sorrateiramente.

"O silêncio em torno do assunto dá a impressão de que ele não é importante ou que simplesmente não acontece", avalia Teng Chei Tung, médico do Instituto de Psiquiatria da Universidade de São Paulo (IPq-USP).

Conclusão

A depressão e seus sintomas tornaram-se uma realidade que atinge pessoas em todo mundo. Ela tem provocado muito sofrimento, dor, e levado muitos à morte.

Nesse livro, apresentamos as suas causas, seus sintomas e sua cura através de uma abordagem psico-pastoral procurei ajudar pais, pastores, líderes, adolescentes e jovens que enfrentam essa doença ou que precisam ajudar os que foram atingidos por esse mal.

Tenho certo que as instruções apresentadas e discutidas aqui, certamente auxiliará pessoas que estão com transtornos depressivos. Além disso, sabemos que é Deus que nos dá força para vencer.

Conheça outros títulos da Editora Publicar

Como
escolher a
pessoa
certa
para se
casar
Prefácio de Josué Gonçalves
DOUGLAS BORGES

JUVENTUDES,
POBREZA E
URBANIDADE
Uma análise da construção
histórico-social das juventudes
no Centro-Oeste brasileiro
VINICIUS SEABRA